AF331245

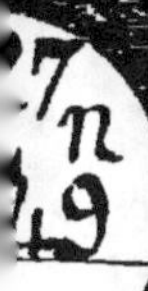

NOUVELLE NOTICE

SUR

LE GÉNÉRAL DE LA MORICIÈRE

SUIVIE DES

DISCOURS

DU GÉNÉRAL TROCHU

ET DE M. DE QUATREBARBES.

NANTES

LIBRAIRIE CATHOLIQUE LIBAROS

SUCCESSEUR DE POIRIER-LEGROS

Carrefour Casserie, 3.

—

1865.

NOUVELLE NOTICE

SUR

LE GÉNÉRAL DE LA MORICIÈRE

SUIVIE DES DISCOURS

du général Trochu et de M. de Quatrebarbes.

Une de nos gloires militaires les plus brillantes vient de s'éteindre. Le général de La Moricière a succombé, dans la nuit du 10 au 11 de ce mois, en son château de Prouzel, près Amiens, aux atteintes d'un accès de goutte.

Le général souffrait cruellement, parfois, de rhumatismes ; mais rien, pas même la veille de son décès, n'avait fait prévoir qu'une catastrophe fût aussi imminente. Vers une heure du matin, se sentant suffoqué, il sonna son domestique et articula difficilement quelques mots pour lui dire d'aller chercher le curé de Prouzel. Dans cet intervalle, le général avait ceint non pas son épée, comme aux jours de ses grandes batailles, mais le crucifix que lui avait remis Pie IX ; il l'embrassait avec ferveur et le pressait sur son cœur. Le général, respirant à peine, se tenait cependant debout ; mais à la vue de M. le curé, il tomba à genoux, reçut l'absolution, puis il expira.

C'est ainsi que nous apprenions précipitamment ces jours derniers, par le journal d'Amiens, la mort de ce brave et si estimé général, évidemment l'une des plus belles gloires militaires françaises de notre époque.

Il est dû à l'illustre défunt un hommage étendu qui lui sera rendu, nous en avons la confiance, par quelque écrivain célèbre. Mais, en attendant, pour répondre aux désirs pressants, nous donnons le résumé de ses états de service, auxquels nous joignons quelques traits caractéristiques qui illustrèrent sa vie.

Christophe-Louis-Léon Juchault de La Moricière, né à Nantes, le 5 février 1806, d'une famille noble et légitimiste, fut élève de l'École Polytechnique de 1826 à 1828, passa à l'École d'Application de Metz, d'où il sortit dans le Génie. Envoyé en Afrique, la prise d'Alger, dernier legs de la Maison de Bourbon à la France, fut sa première joie militaire ; d'abord lieutenant, puis nommé capitaine le

1er novembre 1830, il dut aux campagnes qui suivirent une des fortunes militaires les plus rapides. Compris dans les zouaves, dont il fut le second commandant, il se fit bientôt remarquer par son intrépide ardeur, son rare talent d'organisation, sa fécondité de ressources inépuisables. C'est sous lui que ce corps des zouaves est devenu ce qu'il devait paraître plus tard, au jugement de toute l'Europe : les premiers soldats du monde.

Conduit, sans doute, par la Providence, sur la terre d'Afrique, le jeune officier, et aussi plus tard, le vaillant général, ayant à lutter avec une race et un pays inconnus, avait à étudier, à découvrir, à créer ; à la tête d'un simple détachement, il apprenait en même temps à gouverner et à combattre, à suffire à tout en comptant sur lui seul ; il pouvait être initié dès ses débuts à toutes les difficultés, à toutes les chances, à toutes les responsabilités d'un commandement souverain. — A cette école d'Afrique, La Moricière n'a pas seul grandi. — L'Europe sait aujourd'hui quelle armée a germé sur la terre de France pour mûrir sur le sol d'Afrique. L'armée connaissait déjà, la France apprit à saluer les noms de Changarnier, Bedeau, La Moricière. Leurs camarades, leurs rivaux, les couronnèrent ensemble d'un surnom qu'aucun homme de guerre n'avait porté depuis Scipion. Hélas ! les *trois Africains* devaient être rapprochés par des vicissitudes plus tristes que les combats, et se trouver réunis ailleurs que sur un champ de bataille !

Quand, du milieu de leurs récents triomphes, les généraux et les soldats de cette irrésistible armée d'Afrique se reportent vers le berceau de leur gloire et de leur vertu militaire, La Moricière, avec son mélange de finesse et d'audace, sa joyeuse énergie, sa parole pittoresque et soudaine, son œil ardent et sagace, éclairant un visage bruni par le soleil et la poudre, La Moricière leur apparaît encore comme un ancêtre, et son nom retentit dans les chants du bivouac.

En 1833, le général Avizard, confia au général La Moricière, alors simple capitaine, la direction du 1er bureau arabe, et, la même année, il devint chef de bataillon. En 1835, nommé lieutenant-colonel, il devint, en 1837, colonel du régiment des zouaves. C'est occupant ce grade qu'il obtint pour ses chers zouaves et lui, l'honneur de monter en tête de la première colonne, lors de l'assaut de Constantine. Tous ceux qui ont visité les galeries de Versailles se rappellent le saisissant tableau d'Horace Vernet : Ils voient La Moricière au sommet de la brèche, où il va bientôt disparaître dans un nuage de fumée et de poussière, au milieu d'une effroyable explosion. La ville prise, on le découvrit sous les décombres du rempart en ruines, enseveli sans être écrasé. Son visage était tout brûlé et ses yeux parurent perdus pendant quelques jours ; mais enfin, il vivait et put voir la victoire.

En 1839, il fut appelé à Paris ; mais de retour en Afrique, en 1840, il se distingua encore à Mouzaïa, fut nommé la même année maréchal-de-camp ; en 1843, lieutenant-général ; en 1844, commandeur de la Légion-d'Honneur ; et en 1845, gouverneur de l'Algérie par intérim.

Le général de La Moricière n'a pas fait, en Afrique, moins de 18 campagnes. A la suite des affaires de Tagdempt et de Mascara, il avait reçu les plus vifs éloges du maréchal Bugeaud, qu'il ne seconda pas avec moins d'éclat dans les campagnes difficiles qui suivirent et à la bataille d'Isly. Il termina sa carrière algérienne par un double bonheur : il organisa l'expédition qui fit tomber aux mains du duc d'Aumale la smala d'Abd-el-Kader, et, enveloppant l'émir lui-même, le força de se rendre au jeune prince. Il fut promu, le 14 janvier 1847, au grade de grand officier de la Légion-d'Honneur.

Nous voulons ici raconter deux faits pris entre mille pour faire apprécier l'intrépidité et l'audace du général :

« Un jour il aperçoit cerné et comme perdu dans un tourbillon de cavaliers du désert un de ses compagnons d'armes de frêle apparence, le lieutenant Brô. Aussitôt, seul, il se fait jour jusqu'à lui, écarte à coups de pistolet et de sabre les bras déjà levés sur la tête de l'officier blessé, et, comme il ne suffit pas à disperser la troupe ennemie qui l'environne de toutes parts, il le saisit d'une main de fer et l'emporte au milieu des siens, sanglant, mais sauvé. »

« L'occupation de Bougie par nos armes, ayant été résolue, La Moricière, comme chef du bureau arabe, donna les renseignements qui servirent de base à l'expédition. Bientôt il fit plus : il était nécessaire d'aller sur les lieux mêmes pour explorer la place que l'on voulait prendre. Le capitaine La Moricière réclama cette mission difficile. Dans les premiers jours de 1833, un bâtiment léger le débarqua sur la plage de Bougie avec quelques officiers et deux coulouglis. Une violente émeute ne tarda pas à se déclarer. La Moricière et ses compagnons se réfugièrent d'abord dans une maison ; mais l'émeute les y suivit, et devint d'instant en instant plus menaçante et plus terrible. Alors, dans un de ces mouvements hardis comme en trouvent seuls les caractères résolus et les cœurs intrépides, La Moricière donna l'ordre d'ouvrir les portes de la maison où il était assiégé ; il sort là tête haute et l'œil fier, le pistolet au poing et le sabre levé ; ses compagnons le suivirent dans la même attitude. Cette démarche soudaine et d'une audace inouïe frappe de stupeur et paralyse en quelque sorte ceux qui en sont les témoins. La Moricière et ses compagnons regagnent le rivage ; mais La Moricière, qui a observé attentivement les lieux au milieu de l'émeute et de ses périls, donne ensuite au général Trézel, chargé de l'expédition, des renseignements dont la parfaite exactitude aidèrent singulièrement ses succès. Cette action d'éclat lui valut le grade de chef de bataillon.

La carrière du général de La Moricière en Afrique était terminée. Sa patrie éprouvée par une nouvelle tourmente allait bientôt réclamer de lui d'autres services ; c'était au commencement de 1848. Le général de La Moricière était déjà entré, deux ans auparavant, dans la carrière parlementaire. A la tribune il parut aussi à l'aise qu'au feu, et il y apporta l'éclat d'une parole qui, dès les premiers jours, jaillit éloquente, pittoresque et hardie.

Blessé le 24 février 1848 sur les Boulevards, il refusa des mains du gouvernement provisoire le portefeuille de la guerre, ainsi que tout commandement militaire à l'intérieur, et il fut élu représentant du peuple dans la Sarthe. Pendant les journées de Juin, avant tout dévoué à son pays, il se mit à la disposition du général Cavaignac, combattit l'insurrection au faubourg Poissonnière et à la Bastille. Faut-il le montrer à peine arrivé sur le terrain du combat, engageant la lutte sans attendre toutes ses forces, lançant la garde mobile à l'assaut de la première barricade, imprimant ainsi dès le début à ces frères cadets des zouaves un élan qui ne devait pas fléchir, se prodiguant au feu pour ne laisser à personne la tentation de s'épargner, et ne s'arrêtant que devant l'insurrection foudroyée. Quand il revint victorieux, les acclamations s'élevèrent de tous les foyers qu'il avait préservés. C'est alors que les hommes paisibles ne lui marchandaient ni l'admiration ni la reconnaissance ; et joignant son nom à celui de Cavaignac, les appelaient des sauveurs.

Le 2 décembre arriva : Arrêté dans la matinée, par la Dictature, il fut d'abord enfermé à Ham, puis conduit à Cologne par des agents de police. Quelques mois après, soumis comme officier inscrit dans les cadres de l'activité, au serment exigé par la nouvelle Constitution, il le refusait avec éclat, par une lettre publiée dans tous les journaux.

La mort de son fils le délivra de l'exil.

Il rentra en France sans condition, et il vivait dans la retraite quand, au mois d'avril 1860, il fut appelé, par Sa Sainteté Pie IX, au commandement général de l'armée pontificale, qu'il forma avec une admirable rapidité et un rare génie d'organisation.

En 1860, le territoire romain fut envahi, à la façon des barbares, par les généraux Fanti et Cialdini, avec des forces infiniment supérieures et assassinèrent la petite et héroïque armée du général de La Moricière. Le général se retira à Ancône, soutint le siége avec sa bravoure accoutumée, mais abandonné contre son attente, par les puissances catholiques, il fut forcé de capituler.

Il revint en France, se tenant toujours à la disposition du Saint-Père. C'est là que la mort est venue le surprendre dans la nuit du 11 septembre, presqu'à l'anniversaire de sa dernière bataille.

On connaîtrait mal ce don de soi-même fait par un Français a l'Eglise, si l'on n'y voyait pas à côté de la foi le patriotisme. Que les adversaires du Saint-Père, poursuivent tant qu'ils voudront son défenseur de leurs injurieux propos, qu'ils répètent tant qu'il leur plaira que le servir c'est combattre la France, libre à eux. Mais ils savent bien que la pudeur publique répugne à des suppositions qui calomnient la France. Non, La Moricière n'a pas eu à lutter contre nos soldats, comme leur hypocrisie tentait de l'insinuer alors. Mais il pensait que celui qui avait reçu, en dépôt, « le principe et la vie même de la civilisation, » rendait hommage à notre pays en choisissant pour sa libre défense une épée française ; il pensait que laisser occuper par d'autres une place que ses prédilections nous avaient destinées, c'était accepter, pour la fille aînée de l'Eglise, la première des nations chrétiennes, une fatale et coupable déchéance.

FUNÉRAILLES.

Au jour de ses funérailles, la population nantaise, ayant à cœur de donner un témoignage de son respect et son admiration pour les restes vénérés du général, s'était rassemblée aux approches de la gare, où elle se tenait silencieuse et recueillie. Dans cette foule, toujours croissante, on s'entretenait, avec douleur, de cette mort subite qui a répandu partout, et particulièrement en Bretagne, l'affliction et le deuil.

Un piquet de lanciers et un bataillon du 91e, précédés de la musique de ce régiment, étaient venus rendre les honnneurs militaires aux restes du général.

A 6 heures 1|2, M. l'abbé Richard, vicaire-général, précédé des membres du Chapitre et de MM. les curés des paroisses de la ville, est venu processionnellement procéder à la levée du corps.

Après cette première cérémonie, le cortége s'est mis en marche vers la Cathédrale. Les cordons du poële étaient tenus par M. le général de Lamotterouge, M. le comte de Quatrebarbes, ancien gouverneur d'Ancône, M. le duc de Fitz-James et M. de Mieulle.

Le deuil était conduit par plusieurs membres de la famille, M. le contre-amiral de Montagnac, M. le général Thouvenin, M. d'Estrées, MM. de Saint-Ceyran et des Jammonières.

Venaient ensuite de hautes notabilités, entre autres M. le général Trochu, M. de Corcelles, M. Keller; MM. Lanjuinais, Waldeck-Rousseau, Ollivier de Sesmaisons; MM. de la Béraudière et de Chevigné, dévoués aides-de-camp du général de La Moricière, dans l'armée pontificale; le général Newmayer; MM. de Mirepois, Louis de Bourmont, Ed. Walsh, de la Haye et de la Bénardais.

Parmi les autorités militaires, on remarquait M. du Fort, intendant de la 15e Division, M. le général commandant la suddivision, M. le colonel, M. le lieutenant-colonel du 91e et tous les officiers de ce régiment, M. le commandant et MM. les officiers de l'escadron des lanciers.

Sur la place Saint-Pierre, ce n'est pas sans peine qu'à travers une si grande agglomération le cortége et le deuil ont pu pénétrer dans l'église. qui, en toutes ses parties, avait été tendue de noir. Le général a été placé sous un immense et imposant catafalque et l'office des morts a commencé. Le saint sacrifice de la messe a été célébré par M. l'abbé Richard.

Pendant la messe, la musique du 91e a fait entendre des morceaux funèbres d'un beau style et d'un caractère religieux bien senti.

Après l'Absoute, le corps, déposé sur un carbillard, a été accompagné par M. l'abbé Richard, M. l'abbé Picaud, secrétaire de l'Evêché, et plusieurs autres ecclésiastiques, entre autres un vénérable chanoine du diocèse d'Angers, curé de la paroisse du Lion d'Angers.

De nombreuses voitures ont aussi tradsporté à Saint-Philbert les parents, ainsi que les personnages les plus marquants et de nombreux amis. qui ont voulu accompagner, jusqu'à sa dernière demeure, l'héroïque défenseur des droits les plus sacrés, dont la mémoire vivra toujours chère et vénérée dans les cœurs honnêtes, fidèles et religieux.

SÉPULTURE DU GÉNÉRAL

A SAINT-PHILBERT-DE-GRAND-LIEU.

Au sortir de Nantes, vingt-huit voitures suivaient le corbillard. Quand le cortége arriva à l'église de Saint-Philbert, l'office des morts venait de se terminer. Plns de 80 prêtres, au milieu d'une foule considérable, attendaient en silence la dépouille mortelle de l'une des gloires les plus pures de notre pays. Le corps fut déposé sous un riche catafalque, et M. le curé de Saint-Philbert commença aussitôt une messe basse. Après l'absoute qui suivit, on prit la route de la chapelle que la famille de La Moricière possède dans le cimetière de la peroisse.

Sur le parcours se pressait une population recueillie, venue de tous côtés pour rendre hommage aux restes du vaillant général français, du généreux défenseur de Pie IX. à l'intérieur du monument sont écrites ces paroles : *Beati qui in Dominŏ moriuntur.* Ces paroles s'appliquent bien au héros qui, «près avoir servi sa patrie, termine sa glorieuse existence en défendant l'Eglise et expire en pressant sur son cœur l'image de Celui qui a promis de ne pas laisser sans récompense un verre d'eau donné en son nom.

Lorsque le corps fut déposé près du caveau, M. le général Trochu, élevant la voix, dit qu'il avait réclamé le douloureux honneur de porter la parole sur la tombe de son ami, comme son plus ancien frère d'armes et comme breton. Il s'exprime ainsi :

« Des officiers qui formaient, il y a vingt-cinq ans, à l'armée d'Afrique, l'état-major du général de La Moricière, la plupart sont morts avant l'heure. Je suis l'un de leurs survivants, et j'ai le droit de réclamer le privilége si douloureux, si enviable aussi, de représenter cette armée devant sa tombe.

» Il était alors dans tout l'éclat d'une renommée créée par les plus brillants services militaires, accrue chaque jour par des succès nouveaux, rehaussée par la jeunesse. Devant nous tous il était l'hsmme du présent; il était encore plus l'homme de l'avenir, et nos imaginations, dont les ardeurs n'étaient pas alors réglées par l'expérience de la vie, n'assignaient pas de limites à cette magnifique carrière. Lui-même se sentait poussé en avant par une force qui était en dehors de lui et dont il avait disposé jusque là : c'était la Fortune. Il s'abandonna tout entier à l'incroyable activité de copps et d'esprit où nous l'avons vu se consumer jusqu'à la fin. Il menait de front la front la guerre, l'administration, la colonisation. Il avait la fièvre des idées, des vues, des projets; il lisait, il écrivait, il argumentait dans les sens les plus divers, quelquefois les moins prévus. Jamais on ne poussa plus loin la puissance de l'intelligence et du travail, avec la passion de la lutte sous toutes les formes que crée la vie publique contemporaine.

» Un jour vint — que tous les hommes heureux devaient prévoir et qu'aucun ne prévoit communément — où la Fortune l'abandonna. Elle voulut que la grande part qu'il avait à la direction des affaires lui fût retirée; que la haute position, bien plus ancienne et légitime qu'il avait dans l'armée, disparût, que sa vie privée et son cœur, et toutes ses espérances de père de famille fussent atteintes par les plus cruels revers! C'est à ce comble d'épreuves que la Providence l'attendait. Elle se révélait à lui, il revint à elle subissant l'influence de la douce piété, des vertus, de la ferme résignation dont il ovait à côté de lui l'exemple. Il chercha dans la foi chrétienne des consolations et des forces contre les coups dont la destinée et le monde l'accablaient. Car ceux-là qui l'avaient exalté au temps de sa haute fortune liée à leurs intérêts avaient disparu. Et d'autres cherchaient à l'abaisser, à présent qu'ils supposaient, faussement, j'en suis assuré, qu'il y aurait profit à l'abaisser. Et lui qui avait si ardemment observé les personnes et les choses, s'entendit passionnément discuter à son tour, dans ses actes les plus dignes, dans ses intentions les plus sincères.

» Quand, avec un désintéressé et rare dévouement au grand intérêt religieux dont il était convaincu que la ruine entraînerait la ruine de l'ordre social tout entier, il alla, malgré l'impuissance militaire évidente de l'effort qu'il méditait, offrir au Souverain-Pontife l'appui de son nom et de son épée, il fut suspecté d'ambition et ce fut une injure. Et quand il succomba dans une lutte que sa prodigieuse inégalité suffirait à ennoblir, il fut raillé.

» A présent, il meurt avant l'âge, laissant dans un deuil indicible une famille digne de toutes les sympathies et de tous les respects ; il meurt, en achevant d'offrir au monde l'exemple le plus saisissant qu'il soit de la fragilité et de l'inconstance des prospérités humaines. humaines.

» Mais votre vie et votre mort, mon général, offrent d'autres enseignements. Si, dans la période des agitations de votre illustre et courte carrière, vous avez dû rencontrer des adversaires, des contradicteurs parmi lesquels vous m'aviez vu moi-même quelquefois, l'histoire de votre pays vous rendra la justice que vous l'avéz bien aimé, que vous l'avez bien servi et que vous avez bien vécu. Les derniers bataillons que vous avez conduits marchaient avec la faiblesse contre le fort, insigne et rare honneur qui demeure attaché à votre nom, aux yeux des honnêtes gens de toutes les croyances et de tous les pays.

» Votre existence tourmentée restera comme un drame douloureux et touchant devant lequel viendront s'éteindre tous les ressentiments que vous avez pu soulever. Dieu vous a recueilli parce que vous avez cru et que vous avez souffert. A la vue de votre cercueil, je me sens accablé par des souvenirs qui remontent au temps de mes débuts dans l'armée et de ma jeunesse à présent évanouie. Mais si par eux j'ai le cœur gonflé de chagrin, j'ai l'âme sereine en pensant à vos nouvelles destinées. C'est avec le double caractère qui est en moi, que je vous fais les adieux, et que je vous promets le fidèle souvenir des gens de guerre et des Bretons.

Plusieurs fois les sanglots étouffèrent la voix de l'orateur. L'assemblée tout entière versa des larmes pendant qu'il rappelait qu'à toutes les souffrances de l'exil, était venue se joindre la douleur bien plus vive encore causée à M. de La Moricière par la perte du fils unique qu'il aimait tant.

M. l'abbé Richard a pris alors la parole pour exprimer le regret si profond qu'évait Mgr l'Evêque de Nantes de ne pouvoir présider lui-même au funérailles du général. Quelle peine Sa Grandeur a ressentie en apprenant la mort de M. de La Moricière, dont elle avait admiré en tant de circonstances le grand cœur, la bravoure et le généreux dévouement. M. le vicaire général a rappelé qu'après la défaite de Castelfidardo, Monseigneur éleva le premier la voix pour dire « que la force ne faisait pas le droit, et que la défaite était plus glorieuse que la victoire. »

Emu de tout ce qu'il venait d'entendre, M. de Quatrebarbes prit la parole à son tour :

« Messieurs, après les éloquentes paroles que vous venez d'entendre, permettez à un ami du général, à un témoin de sa dernière lutte, de mêler sur cette tombe des larmes et des prières. Mon général, hier encore, nous pouvions espérer qu'après avoir été à la peine, vous seriez au triomphe. Dieu en a décidé autrement ; et au lieu d'une gloire périssable, il a ceint votre tête d'une couronne immortelle. En douter un instant, serait presque un blasphème.

» Du haut du ciel, mon bien cher général, priez donc pour l'Eglise, pour laquelle vous auriez donné à toutes les heures du jour votre vie et votre sang. Priez Dieu pour cette armée héroïque que vous avez formée, et qui a donné au ciel tant de martyrs. Que votre indomptable courage, que votre constance, bue votre amour de l'Eglise passent dans l'âme et dans le cœur de ces braves jeunes gens ! le jour du triomphe approche, il est certain, mais auparavant aura lieu une lutte suprême ; que Dieu alors leur vienne en aide ! Mon général, que votre esprit, votre souvenir et votre foi les animent ! qu'ils en fassent des héros, comme leurs devanciers de Castelfidardo, ce château de foi ardente, dont les annales de l'Eglise conserveront le nom immortel ! Qu'ils soient prêts comme eux à mourir pour la défense du Vicaire de Jésus-Christ, ou plutôt qu'ils vivent et qu'ils triomphent et réalisent ainsi mon esdérance et ma foi ! »

La foule s'est ensuite écoulée lentement, chacun repassant dans son esprit et gravant dans son cœur tout ce qu'il avait vu et entendu dans une si mémorable journée. En se retirant en silence, on jetait un dernier regard sur ces murs qui vont dérober pour toujours les restes vénérés de l'homme qui a donné de si grands exemples, qui laisse de si précieux et d'impérissables souvenirs.

Nantes, imp. M. Bourgeois, rue Saint-Clément, 115 et impasse Saint-Clément.

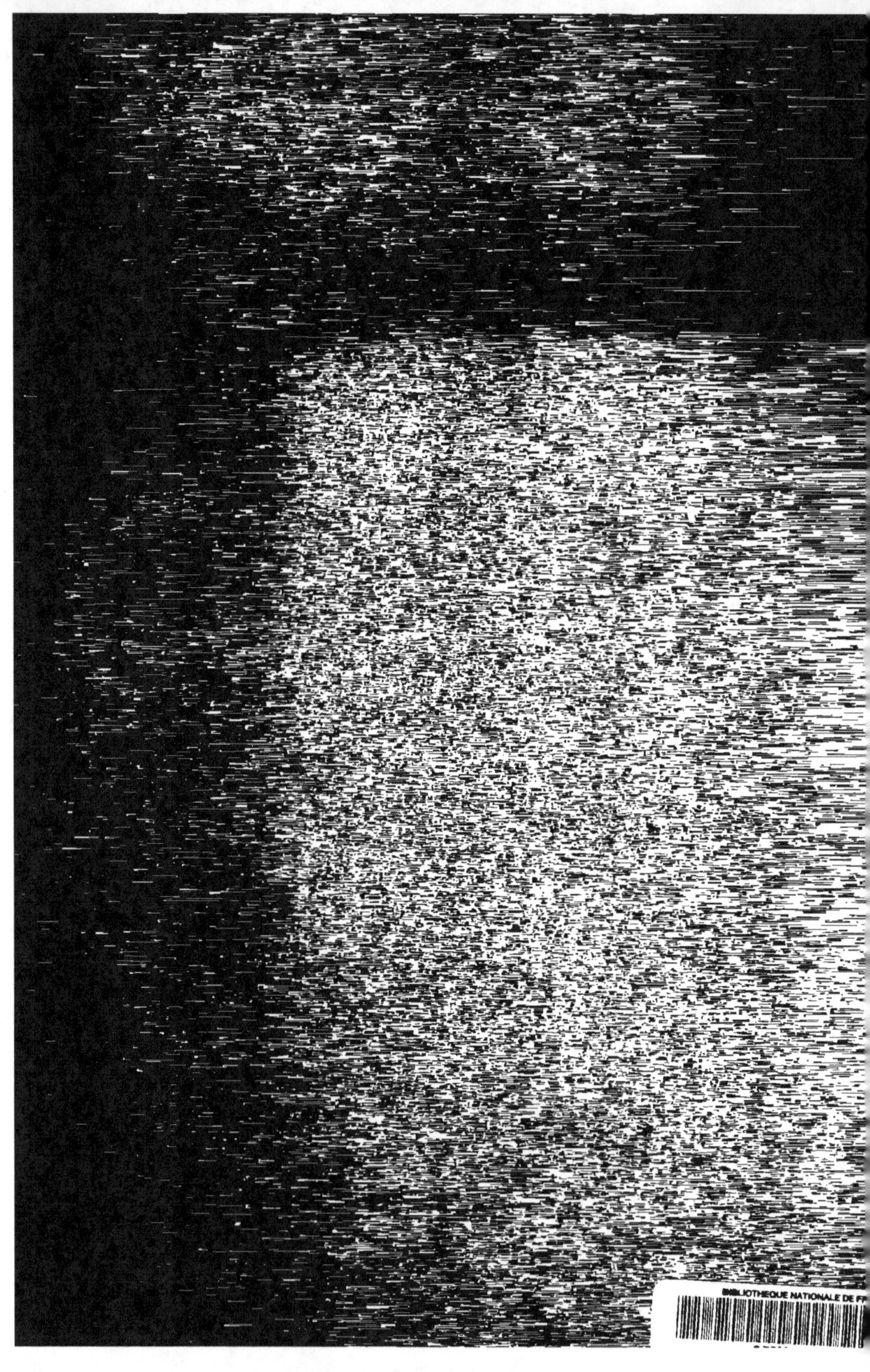